AF226590

ÉGLISE

DE

NOTRE-DAME-DE-L'ILE

SOUS VIENNE.

—

NOTICE

Historique et Descriptive,

PAR

Victor TESTE.

—

Cogitavi dies antiquos.
Dav. ps. 76; v. 5.

MDCCCLIII.
1853

VIENNE. — IMP. ET LITH. DE TIMON FRÈRES. — 1853.

AVERTISSEMENT.

Le mois de mai est spécialement consacré au culte
de la Vierge Marie. Alors l'ancienne église de Notre-
Dame-de-l'Ile, sous Vienne, devient le but d'un
pieux pèlerinage. C'est pourquoi l'auteur a pensé
qu'il était à propos d'offrir aux fidèles, comme sou-
venir, une notice propre à leur faire apprécier l'im-
portance historique d'un sanctuaire élevé depuis sept
siècles à la gloire de la divine Mère du Sauveur.

Cette notice, dédiée au vénérable Prélat, appelé par
ses éminentes vertus et par sa science au siége épisco-
pal de notre diocèse, prendra ensuite rang dans la
monographie générale des monuments religieux de
la ville de Vienne.

A SA GRANDEUR

MONSEIGNEUR

JACQUES-MARIE-ACHILLE GINOULHIAC

ÉVÊQUE DE GRENOBLE.

Son très-humble
et très-respectueux serviteur

Victor **TESTE.**

Vienne (Isère), 15 mai 1853.

ÉGLISE

DE L'ANCIEN PRIEURÉ

DE

NOTRE-DAME-DE-L'ILE

SOUS VIENNE.

—

PARTIE HISTORIQUE.

« Le culte de Marie, mère de Dieu, dit un célèbre auteur (1), semble avoir été le moyen dont la Providence s'est servie pour compléter le Christianisme. Après le concile d'Éphèse, les églises d'orient et d'occident offrirent à l'adoration des fidèles la Vierge Marie, sortie victorieuse d'une attaque violente. Les peuples furent comme éblouis par l'image de cette Mère divine, réunissant dans sa personne les deux sentiments les plus doux de la nature : la pudeur de la Vierge et l'amour de la mère, emblème de douceur, de résignation, et de tout ce que la vertu pré-

____

(1) M. Beugnot (*Histoire de la Destruction du Paganisme en Occident*).

sente de sublime; qui pleure avec les malheureux, intercède pour les coupables, et ne se montre jamais que comme la messagère du pardon ou du bon secours. »

Fille aînée du Christianisme, la France éleva des temples nombreux à la Vierge Marie. Parmi ceux vers lesquels les pèlerins des provinces les plus éloignées portent encore leurs pas il faut citer en première ligne l'église de Notre-Dame-de-Fourvières, à Lyon, et celle de Notre-Dame-de-la-Garde, à Marseille.

Si l'église de l'ancien prieuré de Notre-Dame-de-l'Ile, sous Vienne, n'est pas entourée d'une aussi grande célébrité, elle n'en est pas moins vénérable par son antiquité et par la sainteté de l'ordre dont elle dépendait, l'ordre de Saint-Ruf, qui a donné à l'Église trois papes et plusieurs cardinaux.

Les familles les plus considérables du Dauphiné voulurent être les bienfaitrices de l'église de l'Ile, et lui fournirent des prieurs, ainsi que le témoignent les inscriptions reproduites plus loin selon leur ordre. Ces inscriptions, transcrites en grande partie dans un manuscrit (1) de la bibliothèque de Vienne, par Charvet, historien de l'église métropolitaine de cette ville, ont, pour la plupart, disparu de l'église de

---

(1) *Fastes de la ville de Vienne*, etc. Manuscrit autographe, grand in-4°, de 256 pages.

l'Ile. Plusieurs d'elles figurent dans diverses collections archéologiques. Toutes, excepté l'épitaphe de Burnon de Voiron, archevêque de Vienne, sont inédites.

Les histoires religieuses ou profanes du Dauphiné contiennent partiellement les documents utiles à extraire pour la composition des annales du prieuré de l'Ile. A ces extraits viendront se joindre, comme pièces justificatives, divers documents authentiques.

Vers les premières années du xiie siècle, Gaultier de Balbières, gentilhomme du Viennois, forma le projet d'établir des religieux dans une partie de son domaine appelé l'Ile, et situé à demi-lieue environ au sud de la ville de Vienne. Cette fondation fut l'objet de graves contestations de la part du chapitre de Saint-Maurice, de l'abbé de Saint-Pierre, et de celui de Saint-André-le-Bas. Cependant la prudente médiation de l'archevêque Étienne 1er, qui favorisait le dessein de Gaultier, fut assez efficace pour lui faire surmonter tous les obstacles, et la fondation eut lieu moyennant quelques conditions dont celles-ci furent les principales : que les religieux de l'Ile n'attireraient pas les paroissiens des autres églises ; qu'ils s'entretiendraient de ce qu'ils auraient légitimement acquis, sans que néanmoins il leur fût permis d'acquérir aucun immeuble dans Vienne ni aux environs, pas même une maison ; qu'ils ne feraient bâtir ni église, ni oratoire en aucun autre lieu; qu'ils ne recevraient chez eux que ceux qui pourraient y venir commodément et sans aide, à pied ou à cheval; qu'ils ne feraient d'enterrement que de ceux qui auraient déjà fait profession dans leur ordre; qu'enfin, s'ils faisaient quelques acquisitions, ce serait de manière à ce que personne n'en pût recevoir de préjudice.

Ces précautions satisfirent tous les intéressés, excepté Robert, abbé de Saint-Pierre. Son monastère possédait des fonds aux environs de l'Ile et dans l'Ile même, et il s'agissait principalement entre lui et les religieux d'une saulée que chacun d'eux prétendait lui appartenir. Ce différend subsista jusqu'en l'année 1139. L'archevêque Étienne et son chapitre le terminèrent en décidant que le monastère de Saint-Pierre possèderait sans trouble la saulée comme fonds de franc-alleu, et que les religieux de l'Ile jouiraient paisiblement de tout le territoire qui leur avait été cédé par leur titre de fondation (1).

Malgré cet accord, des contestations s'élevèrent souvent entre les religieux de l'Ile et ceux du monastère de Saint-Pierre au sujet de la saulée que ces derniers possédaient le long du Rhône et dans les limites du prieuré. L'historien Chorier nous ap-

---

(1) Chorier, *Ant. de la ville de Vienne*, liv. IV, ch. 5.
Id.   *Hist. gén. du Dauph.*, tom. 1, p. 52.

prend que, de son temps (1658), ces querelles se renouvelèrent encore.

Moins d'un siècle après la fondation de Notre-Dame-de-l'Ile, et en l'année 1202, l'archevêque Aynard de Moirenc et son chapitre donnèrent cette église à l'abbaye de Saint-Ruf, chef d'ordre composé de chanoines réguliers soumis à la règle de saint Augustin. Cet ordre fut institué l'an 1038 dans le diocèse d'Avignon, où il résida jusqu'en l'année 1158, lorsque Eude, évêque de Valence, vendit à l'abbé Raymond l'île d'Éparvière située près de cette ville. Cet abbé en préféra le séjour à celui de l'ancienne abbaye. Ses successeurs transférèrent ensuite leur demeure dans Valence même.

Les principaux motifs énoncés dans l'acte de donation de Notre-Dame-de-l'Ile à l'ordre de Saint-Ruf, étaient : « Que cette église, autrefois si célèbre, est aujourd'hui si pauvre et si accablée de dettes par les usurpations des tyrans, par la négligence et la malversation des Frères, qu'elle ne peut plus subsister sans le secours des autres maisons. »

Le même acte contenait défense absolue d'abandonner les anciens usages sous prétexte des privilèges déjà accordés, sans le consentement de l'église de Vienne, à laquelle le prieur devait hommage. Puis était énoncée cette clause terminale : « Si quelque ecclésiastique du chœur de l'église de Vienne, soit chanoine, soit clerc, atteint de quelque maladie ou forcé par son âge, se retire dans la maison de l'Ile pour s'y reposer quelque temps, il sera reçu à la disposition du Chapitre et entretenu aux frais de ladite maison; et si cet ecclésiastique veut entrer en religion, il sera reçu au nombre des chanoines de Saint-Ruf. On fera régulièrement l'office de l'église de Vienne en ladite église de l'Ile, excepté pour les capitules, les versets et les prières : en ceci on se conformera à l'office de Saint-Ruf. » (1)

Cette donation à l'ordre de Saint-Ruf fut faite à la demande et sur les instances de Romain; Guillaume Frene, sacristain; Guillaume Bernard; Maître (2) Jean; Joseph de Lyon; Humbert de Chandieu; Guillaume du Puy; Pierre de Faisin; Robolde; Pierre de Mantaille; Jean de Loyre; Sibond; Arnaud Tranquier; Hugues de Montagnieu; Bernard, tous chanoines de l'Ile et profès de ladite maison.

Il est évident, par cette donation et cession, que les religieux de l'Ile, fussent-ils chanoines, ne dépendaient point primitivement de l'ordre de Saint-Ruf, auquel ils furent incorporés seulement en l'année 1202. D'autres preuves viennent corroborer cette assertion : 1° aucune des inscriptions connues du prieuré

---

(1) Charvet, *Hist. de l'Église de Vienne*, p. 365.

(2) Le titre de *maître* (magister) signifie *docteur*. C'était un titre que l'on donnait aux évêques mêmes et aux cardinaux. — Note de M. Colombet, *Hist. de l'Égl. de Vienne*, t. 2, p. 103.

de l'Ile n'est antérieure au xiiie siècle ; 2° la plupart
des inscriptions des xiiie et xive siècles, rappelant le
nom d'un prieur ou d'un religieux, lui attribuent
ordinairement le titre de chanoine de Saint-Ruf, *ca-
nonicus sancti Ruphi* ; 3° la belle église et les cloîtres
de Notre-Dame-de-l'Ile furent élevés au commencement du xiiie siècle, ainsi qu'il sera démontré
dans la partie descriptive de cette notice, et l'on
retrancha provisoirement de la nouvelle église l'ancienne, dont on doit reporter la date à la fondation même du prieuré, vers le commencement du
xiie siècle.

Un titre bien précieux pour l'histoire de Notre-
Dame-de-l'Ile est l'épitaphe de Gui, premier prieur
sous l'occupation de l'ordre de Saint-Ruf, et qualifié
de *fondateur de cette maison*. Cette épitaphe, non men-
tionnée par l'historien Charvet dans son manuscrit
cité, est gravée sur le contre-fort à droite de la porte
de l'église, dans le cloître. La date en est un peu al-
térée à cause de la qualité friable de la pierre mol-
lasse; mais après l'examen du style épigraphique, et
par l'analyse des proportions, il est facile de la ré-
tablir avec exactitude ; elle est MCCXXXI. Ainsi que
toutes les autres inscriptions, celle-ci sera reproduite
en toutes lettres afin d'en faciliter la lecture aux personnes peu initiées à la connaissance des signes abré-
viatifs :

XIIII KALENDAS DECEMBRIS OBIIT
GVIDO PRIOR NOSTER FVNDATOR IS
TIVS DOMVS ANNO AB INCARNATIONE
DOMINI M
.... /XXI , AB HVIVS LOCI CONSECRATIO
NE L. REQVIESCAT IN PACE.

« Le 14 des calendes de décembre , est mort Gui, notre prieur, fondateur de cette maison , l'an de l'Incarnation du Seigneur 1231 , cinquante ans après la consécration de ce lieu. Qu'il repose en paix. »

Cette inscription annonce que le prieuré de l'Ile avait été solennellement consacré en l'année 1181 , et que cette consécration, dont les détails sont perdus, était une époque importante d'où l'on data la mort du prieur Gui.

Chorier (*Histoire du Dauphiné*, t. II , p. 50) rapporte un exemple identique de dater les actes, du jour de la fondation (par saint Hugues, évêque de Grenoble) de l'abbaye de Chalais, vers l'an 1136.

La prise de possession du prieuré de l'Ile par le puissant ordre de Saint-Ruf peut être considérée comme une ère de prospérité et de grandeur pour cette maison religieuse. Les personnages les plus éminents par leur caractère et leur dignité tinrent à honneur de s'y faire recevoir chanoines et d'être ensevelis dans son cloître.

L'archevêque Bournon de Voiron, qui n'occupa le siége de Vienne que deux mois onze jours, s'était retiré dans la maison de l'Ile, où il mourut le 30 janvier 1215. Son épitaphe, dans laquelle lui est donné le titre purement honorifique de *chanoine de Saint-Ruf,* est aujourd'hui perdue. Elle était ainsi conçue (1) :

† ANNO INCARNATIONIS DOMINICE MCCXV

III KALENDAS FEBRVARII OBIIT DOMNVS BVRNO BONE

MEMORIE VIENNENSIS ARCHIEPISCOPVS, CANONICVS SANCTI

RVPHI

PRO QVO FIAT SICVT PRO ABBATE

ANIMA CVIVS REQVIESCAT IN PACE ,

QVI DEDIT ECCLESIE SANCTI MAVRICII LX

X LIBRAS PRO SVO ANNIVERSARIO FACIENDO.

« L'an de l'Incarnation du Seigneur 1215, le 3 des calendes de février, est mort le seigneur Bournon, d'heureuse mémoire, archevêque de Vienne, chanoine de Saint-Ruf, pour lequel on fera de même que pour un abbé. Que son âme repose en paix. Il a donné à l'église de Saint-Maurice soixante-dix livres pour la célébration de son anniversaire. »

---

(1) Charvet, Manuscrit cité, p. 133. — « Cette épitaphe fut tirée de terre derrière le chœur de l'église de l'Ile, en 1763. Je la fis mettre dans le cloître, et, de peur qu'on ne la prît, je priai M. l'Archevêque de la faire transporter dans son palais, où elle est. Je l'ai fait imprimer dans mon Supplément à l'*Histoire de l'Église de Vienne* (Page 10). »

Une autre inscription *(dans la collection archéolo-gique de M. Girard, libraire à Vienne)* est un témoi-gnage du respect des chanoines de l'Ile pour les rè-glements primitifs de la fondation de leur prieuré, savoir : « qu'il ne se ferait chez eux d'enterrement que de ceux qui auraient déjà fait profession dans leur ordre. » C'est l'épitaphe de Guigues de Pala-dru (1), revêtu des titres bien opposés de *chevalier* (2) et *chanoine de Saint-Ruf.*

ANNO DOMINI MCCXL

IIII . IIII NONAS APRILIS OBIIT

GVIGVO DE PELADRV

MILES ET CANONICVS SANCTI RVPHI

QVI DEDIT NOBIS XV

LIBRAS PRO ANNIVERSARIO

SVO. CVIVS ANIMA RE

QVIESCAT IN PACE AMEN.

« L'an du Seigneur 1244, le 4 des nones d'avril, est

---

(1) Salvaing de Boissieu, de *l'Usage des Fiefs*, p. 126, men-tionne deux seigneurs de la famille de Paladru.

(2) *Idem*, p. 235. — Le titre de *chevalier*, appelé dans la basse latinité *miles* et non pas *eques*, donnait beaucoup de prérogatives à celui qui en était honoré, comme d'être qualifié *dominus*, c'est-à-dire, *messire*; sa femme *domina*, et ses enfants *domicelli*, da-moiseaux; de porter de la toile d'or, le baudrier, l'épée et les éperons dorés, d'où est venu le proverbe : *vilain ne sait que valent éperons.*

mort Guigues de Paladru, chevalier et chanoine de Saint-
Ruf, qui nous a donné quinze livres pour son anniversaire. Que son âme repose en paix. Ainsi soit-il. »

Cette inscription est gravée sur marbre blanc en
fort beaux caractères, et décorée d'un fronton d'où
se détache en bas-relief une croix fleuronnée, accompagnée de l'*alpha* et de l'*oméga* symboliques (1). La
place vide de cette inscription est visible au côté
gauche de la porte de l'église.

Guigues de Paladru s'était, sans doute, à ses derniers moments, fait religieux pour avoir part aux
prières de l'ordre de Saint-Ruf et afin de pouvoir
être enseveli dans le cloître de l'Ile. Ce genre de
profession religieuse donnait à celui qui la requérait
le titre de *Monachus ad succurrendum*, comme on le
voit dans les anciens documents. (Voir Charvet, *Histoire de l'Eglise de Vienne*, p. 259).

L'avenir du prieuré de Notre-Dame-de-l'Ile était
désormais assuré. La piété et la charité de ses chanoines offraient un sujet constant d'édification au
peuple viennois, qui vint toujours, surtout dans les
calamités publiques, invoquer dans son sanctuaire
la Vierge consolatrice des affligés.

Un remarquable ouvrage posthume, encore sous
presse (IIIe volume de l'*Histoire de Vienne*), fruit des

---

(1) Apocalypse, chap. 1, v. 8.

laborieuses recherches de l'auteur regretté, M. Mermet, offrira (pp. 266 et 267) ce curieux passage relatif à l'église de l'Ile :

« Depuis le milieu du xve siècle, la peste ou fièvre noire reparaissait souvent et sévissait avec vigueur ; mais l'année dont nous parlons (1534) est une de celles pendant lesquelles ce fléau exerça le plus de ravages. Les Viennois avaient une entière confiance dans l'intercession de la sainte Vierge, et allaient avec ferveur l'invoquer dans l'église du monastère de Notre-Dame-de-l'Ile. On s'y rendit processionnellement le mardi, 24 juillet, et le dimanche, 1er août, pour obtenir, par la protection de cette auguste reine des cieux, la fin de l'épidémie. Les jeunes garçons, en chemise, la tête et les pieds nus, ouvraient la marche, criant : *Sire Dieu! Miséricorde!* Puis venaient les jeunes filles, voilées et vêtues de blanc, répétant sans cesse : *Sainte Marie, priez pour nous!* Le clergé marchait après, portant des reliquaires et le saint sacrement, que suivaient les consuls, le chef découvert, ayant à la main un cierge de cire blanche pesant une livre; et, enfin, une foule de personnes, marchant deux à deux, récitant dévotement leur chapelet, terminait le cortége. A la porte du cloître on mit une estampe représentant Dieu le père sur son trône, tenant les dards de sa justice ; à sa droite, le Christ montrant ses plaies; à sa gauche, Marie à genoux, priant pour le peuple. On lisait au bas les explications suivantes :

> Voici le grand tribunal de justice
> Auquel Dieu veut punir notre malice.
>
> Mortalité, famine, sécheresse,
> Sont pour punir la cité pécheresse.
>
> La vierge Marie, advocate du monde,
> Priant pour nous d'affection profonde. »

Ainsi que tout établissement humain, le prieuré de l'Ile devait subir une décadence inévitable. Au xviiᵉ siècle, il fut acquis par le corps administratif de la ville de Vienne ; et, en l'année 1629, il fut uni au collége de cette ville, dirigé par les savants Pères de la Compagnie de Jésus.

Pendant la Révolution (1789), le prieuré de l'Ile, ainsi que son église, furent vendus comme propriété nationale.

Au retour de la paix, M. Cellard, et M. Dubouchet, ancien curé de Saint-André-le-Bas, n'écoutant que les conseils de leur piété, ont racheté l'église et en ont fait don à l'hospice de Vienne. Il est donc juste de signaler à la reconnaissance publique un acte de patriotique libéralité auquel est due la conservation providentielle d'un vénérable monument de la religion et des arts.

PARTIE DESCRIPTIVE.

Extérieur.

Pour décrire le splendide panorama qui se déroule autour de l'église de Notre-Dame-de-l'Ile il faudrait la plume élégante et facile de M. le chevalier Joseph Bard, et la gracieuse poësie de M. Charles Reynaud.

Le temple de la Vierge est placé à l'extrémité méridionale de la fertile plaine de l'Aiguille, dont les bords sont baignés par le Rhône au cours majestueux. Vers le nord sont échelonnées les collines abritant la ville de Vienne avec son imposante cathédrale et le gracieux clocher roman de St-André-le-Bas. Le donjon ruiné de la Bâtie et celui de Sainte-Colombe, élevé par le roi Philippe-de-Valois, accidentent ce tableau tout à la fois pittoresque et monumental, offrant les emblèmes sévères de la puissance spirituelle et de la puissance du glaive. Au milieu de la plaine s'élève, dans de plus modestes proportions, l'antique cénotaphe romain, monument unique dans son genre, qui a survécu aux somptueuses villas qui l'entouraient, et dont les débris gisent sous le sol.

A l'est règne une ligne de coteaux terminés par l'agreste montagne de Navout.

A l'ouest est la plaine de Sainte-Colombe , accompagnée de ses collines viticoles, et semée de jolies maisons de plaisance. A mi-côte se présente la petite église paroissiale de Saint-Cyr, sous la dépendance de laquelle était autrefois placée l'église de l'Ile (1). Au-dessous est le château de Montlis, flanqué de tourelles et renfermant une chapelle décorée de fresques.

Ce magnifique tableau est , au midi, terminé par le Mont-Pila, dont les majestueuses cimes, au reflet bleuâtre, laissent deviner d'autres horizons. C'est au milieu de ces splendeurs de la nature qu'a été jetée, comme une perle au milieu des fleurs, l'église de Notre-Dame-de-l'Ile , de la Vierge Marie, dont le nom signifie *Etoile de la Mer* , et que le nautonier du Rhône salue à son passage d'une pieuse invocation.

Il est impossible de n'être pas saisi d'un sentiment de respect en abordant ce vénérable sanctuaire, dont la configuration semble être empruntée aux divers aspects de sa situation topographique. Au nord, où règne l'aquilon, se présentent de hautes murailles noircies par le temps et percées de rares fenêtres vides, où l'œil du poëte cherche une apparition vainement désirée. Au midi s'éle-

---

(1) Note de M. Cochard, dans les *Antiquités de Vienne*, p. 353.

vaient les cloîtres dont l'historien Chorier a rappelé la beauté (1). Il n'en reste que le préau et quelques arcades privées de leurs colonnettes et engagées dans une indigne maçonnerie. Ces cloîtres, ceints par l'église et les bâtiments religieux, ont été incendiés il y a environ trente ans ; mais cet accident ne pouvait motiver le vandalisme qui a mis le sceau à leur destruction par l'enlèvement de leurs colonnettes avec les chapiteaux et les tailloirs, tous en marbre d'une blancheur éclatante. Il y avait là de nombreuses inscriptions dont il ne reste que celles gravées sur les pierres des murailles, et qui n'ont pu être arrachées. Il y avait aussi des restes curieux de peinture à fresque.

Cet ensemble donnait, par sa grâce et par sa richesse, une idée parfaite du péristyle des antiques maisons romaines.

De toutes les inscriptions signalées par Chorier

---

(1) « La beauté du cloître ne cède pas à celle de l'église. Il est environné de doubles colonnes de marbre, différemment élaborées, et l'on dit qu'un seigneur de haute condition les ayant fait ôter d'ici pour orner une de ses maisons, fut contraint par des bruits nocturnes qui l'auraient rendue inhabitable, s'ils eussent continué, de les y faire rapporter, et de les y remettre comme on le voit présentement. Les curieux peuvent y lire des épitaphes qui font mention de quelques anciennes familles comme celles de Chaponnay, Pierre de Chaponnay, étant mort prieur de cette île, l'an 1265, de Paladru, de Die, d'Illins et de Crémieu. » (Chorier, *Antiquités de Vienne*, p. 352.)

et rapportées par Charvet, le cloître de l'Ile ne renferme plus que l'épitaphe du prieur Gui, reproduite dans la partie historique de cette notice, et les mentions obituaires, dont la première est gravée sur la face latérale du contre-fort de la nef :

XVI KALENDAS APRILIS
OBIIT ZACHARI
AS PRESBITER CANONICVS SANCTI RVPHI.

« Le 16 des calendes d'avril, est mort Zacharie, prêtre chanoine de Saint-Ruf. »

Sur le listel d'un tailloir en marbre blanc, engagé, sur la gauche de celle-ci, dans une maçonnerie grossière, sont gravées les mentions suivantes :

III IDVS DECEMBRIS OBIIT VITALIS
PRESBITER CANONICVS SANCTI RVPHI
II IDVS IVLII OBIIT WILLELMUS
DE DIA SACRISTA HVIVS LOCI
PRESBITER CANONICVS SANCTI RVPHI.

« Le 2 des ides de décembre, est mort Vital, prêtre chanoine de Saint-Ruf. — Le 2 des ides de juillet, est mort Guillaume de Die, sacristain de ce lieu, prêtre chanoine de Saint-Ruf. »

Il existe deux fragments d'une curieuse pierre

tombale, sur laquelle était gravée au trait l'effigie en pied de Guiffrey d'Illins , chevalier. Ces fragments servent de linteaux de portes, l'un dans le cloître, l'autre sur la place de l'église. L'inscription mutilée contient encore le nom d'*Illins*. Elle est rapportée dans le manuscrit de Charvet en ces termes :

ANNO DOMINI MCCLVIII. VIII KALENDAS

AVGVSTI , OBIIT GVIFREDVS DE ILLINÓ

MILES QVI DEDIT NOBIS XXX

SOLIDOS CENSVALES IN TERRA

DE COSTIS AD PITANCIAM NOBIS

FACIENDAM IN FESTO ASSVMPCIONIS

SANCTE MARIE.

« L'an du Seigneur 1258, le 8 des calendes d'août, est mort Guiffrey d'Illins (1), chevalier, qui nous a donné trente sous de revenu sur la terre des Côtes pour nous faire un repas à la fête de l'Assomption de Sainte-Marie. »

Pour ne pas scinder l'intérêt de cette description, et avant de passer à la partie architectonique de l'église , il est convenable de reproduire ici toutes les inscriptions connues. Celle-ci est gravée dans

______

(1) Le territoire d'Illins est à deux lieues environ au nord-est de Vienne. L'on voit encore sur un monticule les ruines d'un ancien château fort, où fut amené prisonnier le prince d'Orange, après la bataille d'Anthon , au XVe siècle.

l'ébrasement extérieur de la fenêtre de la chapelle
absidale au nord. Elle est du xiiie siècle :

> † XV KALENDAS DECEM
> BRIS OBIIT HVGOBEC
> CONVERSVS

« Le 15 des calendes de décembre, est mort Hugues
Bec, frère convers. »

Les deux inscriptions suivantes existent, la première, dans la collection citée de M. Girard, la se-
conde, dans le musée de Vienne :

> VIII IDVS APRILIS OBIIT MAGISTER
> VILLELMVS PRESBITER CANONICVS SANCTI RVPHI
> REQVIESCAT IN PACE AMEN.
> MCCXXXVIII.

« Le 8 des ides d'avril, est mort maitre Guillaume,
prêtre chanoine de Saint-Ruf. Qu'il repose en paix. Ainsi
soit-il. 1238. »

Dans une note précédente l'on a pu voir ce que
signifie le titre de *magister*.

> TERCIO NONAS MAI OBIIT AIMIN
> PRIOR HVIVS LOCI PRESBITER CANONICVS SANCTI RVPHI
> † V IDVS OCTOBRIS OBIIT IOHANNES
> BAIO FRATER AIMINI PRESBITER CANONICVS SANCTI RVPHI
> ANNO AB INCARNATIONE DOMINI MCCII. V IDVS
> AVGVSTI OBIIT ALDO PRIOR HVIVS LOCI.

« Le 3 des nones de mai, est mort Aimin, prieur de ce lieu, prêtre et chanoine de Saint-Ruf. — Le 5 des ides d'octobre, est mort Jean Baion, frère d'Aimin, prêtre et chanoine de Saint-Ruf, l'an de l'Incarnation du Seigneur 1202. — Le 5 des ides d'août, est mort Aldon, prieur de ce lieu. »

Evidemment il y a erreur de date dans cette inscription, dont les caractères appartiennent, par leur style, au moins à la moitié du XIIIᵉ siècle. L'Ile fut donnée à l'ordre de St-Ruf au mois de septembre 1202, et Aimin, prieur de ce lieu et chanoine de l'ordre, serait mort avant cette donation. Cette erreur est due peut-être à la faute du graveur qui n'aura pas bien interprété la formule manuscrite de son inscription. L'absence d'un trait peut dénaturer une date. Ainsi ne pourrait-on pas penser qu'au lieu de MCCII, il fallait graver : MCCLI ?

Les inscriptions suivantes sont extraites du manuscrit de Charvet :

III IDVS IVLII OBIIT IOANNES DE
CRIMEV CAPELLANVS ECCLESIE SANCTI
MAVRICII QVI DEDIT EIDEM
ECCLESIE LV LIBRAS PRO GENERALI
ET ANNVA REFECTIONE. ITEM
DEDIT DOMVI INSVLE XV
LIBRAS PRO ANNIVERSARIO SVO
ANNO DOMINI MCCXL.

« Le 3 des ides de juillet, est mort Jean de Crémieu, chapelain de l'Eglise de Saint-Maurice, qui a donné à la même église soixante livres pour une réfection générale et annuelle. *Item* il a donné à la maison de l'Ile quinze livres pour son anniversaire. L'an du Seigneur 1240.

A propos du nom de Crémieu, Charvet dit que les paysans de ce bourg et des environs disent encore *Crimu* ou *Crimeu*. Le même auteur rapporte aussi que le prieuré de l'Ile était pour les clercs de l'église cathédrale une maison de retraite.

† V KALENDAS NOVEMBRIS OBIIT
PETRVS DE CHAPONNAY
PRESBITER CANONICVS SANCTI RVPHI MCCLXV.

« Le 5 des calendes de novembre, est mort Pierre de Chaponnay, prêtre et chanoine de Saint-Ruf, 1265. »

† XII KALENDAS OCTOBRIS OBIIT DOMINVS
ODO DE SANCTO SYMPHORIANO
PRESBITER CANONICVS SANCTI RVPHI MCCLXXIX.

« Le 12 des calendes d'octobre, est mort messire Odon de St-Symphorien, prêtre et chanoine de St-Ruf. 1279. »

ANNO DOMINI MCCCXI III IDVS
AVGVSTI OBIIT DOMINVS DAY (1) PRIOR INSVLE
SVBTVS VIENNA PRESBITER CANONICVS SANCTI RVPHI
CVIVS ANIMA REQVIESCAT IN PACE AMEN.

« L'an du Seigneur 1311, le 3 des ides d'août, est mort messire d'Ay, prieur de l'Ile sous Vienne, prêtre et chanoine de Saint-Ruf. Que son âme repose en paix. Ainsi soit-il. »

Cette inscription était remarquable par l'élégance de ses caractères. Sa place vide est au-dessous de la grande fenêtre murée de la nef. Elle était accompagnée de vers à la louange du prieur. Charvet ne les a pas copiés. L'auteur de cette notice recueillit en 1833 les restes de l'inscription brisée, dont on avait déjà enlevé de nombreux fragments.

L'église de Notre-Dame-de-l'Ile résume dans son ensemble deux styles architectoniques nettement formulés : le style romano-bysantin secondaire (fin du xie et xiie siècle) et le style ogival primaire (xiiie siècle). L'un a pour type générateur l'arc à plein cintre ; l'autre, l'arc à tiers point.

Le plan général de l'église, inachevée quant à ses parties supérieures, avait, dans son principe, la forme d'une croix latine à une seule nef, forme

______

(1) Le nom d'Ay se rencontre dans quelques actes de l'histoire de l'église de Vienne. Salvaing de Boissieu, *De l'usage des Fiefs*, page 60, cite un *Guillelmus Artaudi dominus de Ay*.

qu'elle a conservée dans sa reconstruction partielle,
vers les premières années du 13e siècle.

Au style romano-bysantin secondaire appartiennent le vaisseau, aujourd'hui retranché de l'édifice ;
les murailles en moellons formant transept au nord,
et la porte donnant accès à l'église par les cloîtres.

Le grand portail à l'ouest, masqué par un hangar,
est une des productions les plus remarquables de
l'art romano-bysantin. L'élégance de ses doubles
colonnettes monolithes, alternativement cylindriques
et octogones, couronnées de chapiteaux diversement
ornés, la pureté des profils de l'archivolte, la disposition large des trumeaux cannelés, placés latérale-
ment, et accompagnés de pilastres aussi cannelés, sur
lesquels porte la corniche d'entablement, donnent à
ce morceau capital un caractère ineffable d'harmo-
nieuse et riche simplicité.

Il faut placer dans les mêmes conditions d'harmonie et de grâce la porte secondaire de l'église. Elle
a beaucoup souffert de l'incendie des cloîtres ; mais
il est facile d'en faire une restauration parfaite au
moyen des détails qu'a respectés le feu.

Le chevet de l'église appartient au style ogival
primaire. Il se compose d'une abside polygonale,
flanquée de deux chapelles semi-circulaires. Ces der-
nières sont construites en moellons, avec la plus
grande simplicité, dans le but, sans doute, de ré-
hausser la beauté de l'abside, qui peut être nommée
la perle de l'édifice. Elle est construite en pierres de

moyen appareil, à teinte jaune. Un tore suit le contour de ses trois gracieuses fenêtres en lancette. Sur les côtés de la fenêtre centrale sont gravées des lettres, signes lapidaires, qui, répétés ici, servaient à reconnaître les pièces d'appareil. *Les Annales archéologiques*, dirigées par M. Didron, secrétaire du Comité des arts et monuments près du ministère de l'instruction publique, contiennent un remarquable chapitre sur ces signes employés par les tâcherons et les appareilleurs.

Cette abside est couronnée d'une corniche soutenue par des modillons à sujets variés, qui semblent empruntés aux plus beaux motifs de sculpture de l'art roman.

Les cloîtres de l'Ile, reconstruits sur leur ancien et naturel emplacement au midi, appartenaient au style de transition du xii° au xiii° siècle. Les arcades étaient à plein cintre, avec tores; les colonnettes avaient leurs chapiteaux à crochets épanouis et la base attique.

Intérieur.

L'église et la maison de l'Ile avaient été placées sous la dépendance de l'ordre de Saint-Ruf, en l'année 1202; et l'on a lu précédemment l'épitaphe du prieur Gui, mort en 1231, et qualifié de *Fondateur de cette maison*. C'est en effet aux premières années du XIII° siècle qu'il faut placer la reconstruction de cette église, dont l'intérieur offre tous les caractères authentiques de transition : bases attiques, revêtues de pattes ou griffes ; moulures romanes commençant à se décorer de baguettes ; chapiteaux à crochets épanouis ; et partout l'arc ogival, excepté toutefois aux étroites fenêtres des chapelles absidales.

Dans une sage prévision des crues extraordinaires du Rhône, l'architecte éleva le sol de l'église à près de trois pieds au-dessus de l'ancien niveau. Il donna au vaisseau de son édifice des proportions en harmonie avec sa nef, dont la voûte nervée devait se composer de trois travées, et se terminer à une façade au-dessus du portail romano-bysantin. Mais la nef inachevée (1) ne fut couverte que d'une travée de voûte et close par un mur provisoire, surmonté d'un petit clocher. Sur la face extérieure de ce mur on distingue le contour de l'arc doubleau ogival et la naissance des nervures pour les deux travées de la voûte qui devait être jetée sur la nef de l'édifice primitif, conservée dans le plan secondaire.

---

(1) Dans les *Antiquités de Vienne*, p. 352, Chorier écrit : « Au reste, l'église de ce prieuré n'a été achevée que de notre temps, (1658). La nef n'avait pas l'étendue qu'elle a maintenant, et le lambris qui lui en a beaucoup ajouté est l'ouvrage des soins et de la dévote industrie du père Jacques Georges, qui a seulement cessé de vivre depuis quelques années. Elle lui a des obligations infinies, car il est vrai qu'elle lui doit la plus grande partie de ce qu'elle a de beauté, et tout ce qu'elle a de nouveaux ornements. »

Ce fut à l'époque rappelée par Chorier dans le passage mis en note des *Antiquités de Vienne* que fut ouverte, sous le mur provisoire, la large arcade surbaissée (aujourd'hui murée), au moyen de laquelle on établit une communication avec l'ancienne nef. Il est malheureux que cette partie de l'édifice n'ait pas été rachetée après la révolution.

Les dimensions générales de l'église de l'Ile sont en longueur, depuis le fond de l'abside jusques à l'arcade précitée, de 18 mètres 38 centimètres; en largeur, de 17 mètres 32 centimètres. La largeur de la nef est de 7 mètres 27 centimètres; celle des transepts est de 6 mètres 86 centimètres. La hauteur sous voûte est de 13 mètres 47 centimètres.

Il est facile de démontrer, par l'examen des proportions, que l'addition de l'ancienne nef était indispensable au plan de l'architecte du 13e siècle (l'église aurait eu en longueur 30 mètres 58 centimètres), et que l'absence momentanée de ressources fut cause de l'inachèvement de l'édifice. Les Pères Jésuites, possesseurs du prieuré, avaient si bien compris cette vérité qu'ils firent ouvrir l'arcade dont il vient d'être question. C'est à ces religieux et en particulier au Père Jacques Georges, cité par Chorier, que l'église de l'Ile est redevable de son ameublement. Tout, jusques dans les peintures à fresque, y respire le siècle de Louis XIV. L'ornementation du maître-autel n'est point sans goût, ni sans richesse, et le caractère de la statue de la Vierge tenant son divin enfant est tout à la fois gracieux et noble. Les Pères Jésuites avaient aussi fait placer dans une niche, au-dessus du grand portail, une autre statue de la Vierge.

L'ensemble architectonique de cette église réunit, intérieurement, la sobriété des détails à la richesse des masses. L'abside a ses fenêtres flanquées de colonnettes, et sa corniche ornée d'un rang de violettes. Autour de l'hémicycle, et derrière les boiseries, sont des bancs en pierre. Sous une enveloppe moderne est caché le maître-autel primitif du 13e siècle. Sa devanture et sa table sont formées de deux blocs de choin de Fay poli, sans autres ornements que d'épaisses moulures.

Il n'existe point de coupole à l'intersection des transepts voûtés en simple berceau ogival. Sur ce point seulement, la voûte majeure est un peu plus ornée et ses nervures ont leur retombée sur des statuettes et des mascarons alternés. Les arcs doubleaux de la nef s'appuyent sur des consoles; et ceux qui, dans le sens de la largeur de l'église, viennent encadrer la travée d'intersection, reposent sur quatre colonnes engagées.

Cette église est suffisamment éclairée ; et si sa nef avait été achevée, elle aurait vraisemblablement été, au midi, percée de deux autres grandes fenêtres semblables à celle que l'économie a fait murer à cause de ses grandes dimensions. Elle est divisée par un meneau en deux baies en lancette.

Une porte ogivale, décorée de colonnettes et de moulures toriques, donnait accès au bâtiment claustral appuyé contre le flanc de l'église au sud. Une autre porte semblable, élevée de 4 mètres 43 centimètres au-dessus de la sacristie, s'ouvrait sur une pièce au nord, divisée jadis par un plancher en deux étages. Le premier paraît avoir contenu les archives du prieuré. Des armoires, que fermaient des portes en fer, y sont pratiquées dans l'épaisseur des murailles, sur lesquelles on aperçoit encore des traces de peinture, surtout une série d'écussons, dont il est assez difficile de distinguer les pièces. On croit cependant y reconnaître les armes des anciennes familles de Beauvoir et de Clermont. Le second étage était certainement, pendant l'été, l'habitation du prieur de l'Ile. Il pouvait, au moyen d'un guichet ouvert sur l'église, assister aux offices sans sortir de chez lui. Du côté du nord, une fenêtre, dont l'embrasure est munie de deux siéges, lui permettait de contempler de sa solitude la riche plaine terminée par la ville de Vienne, et de méditer sur la fragilité des choses humaines en présence des œuvres de la Divinité.

FIN.

www.ingramcontent.com/pod-product-compliance
Lightning Source LLC
Chambersburg PA
CBHW061350050726
47595CB00005B/2171